Impressum
Verlag: BABADADA GmbH, Nedderfeld 112 , 22529 Hamburg
Geschäftsführer / Verlagsleitung: Harald Hof
Druck: Books on Demand GmbH, In de Tarpen 42, 22848 Norderstedt

Imprint
Publisher: BABADADA GmbH, Nedderfeld 112 , 22529 Hamburg, Germany
Managing Director / Publishing direction: Harald Hof
Print: Books on Demand GmbH, In de Tarpen 42, 22848 Norderstedt, Germany

AF206750

ділити
除

186/2

дошка
黑板

класна кімната
教室

шкільний двір
校园

вчитель
老师

папір
纸

писати
书写

ручка
钢笔

письмовий стіл
办公桌

лінійка
直尺

книга
书

учень
学生

ранець

书包

пенал

铅笔盒

олівець

铅笔

точило

卷笔刀

гумка

橡皮擦

альбом для малювання

画板

малюнок

图画

пензель

画笔

коробка фарб

颜料盒

ножиці

剪刀

клей

胶水

зошит

练习册

домашнє завдання

家庭作业

число

数字

додавати

加

віднімати

减

множити

乘

рахувати

计算

літера

字母

абетка

字母表

слово

字

текст

课文

читати

读

крейда

粉笔

година

上课

класний журнал

登记

екзамен

考试

диплом

证书

шкільна форма

校服

освіта

教育

лексикон

百科全书

університет

大学

мікроскоп

显微镜

карта

地图

кошик для паперу

废纸篓

готель
酒店

турбаза
青年旅社

обмінний пункт
外币兑换处

валіза
手提箱

автомобіль
汽车

мова
语言

так / ні
是/否

добре
好的

привіт
您好

перекладач
翻译员

дякую
谢谢

Скільки коштує ...?

......多少钱？

Я не розумію

我不明白

проблема

问题

Добрий вечір!

晚上好！

Доброго ранку!

早上好！

На добраніч!

晚安！

До побачення

再见

напрямок

方向

багаж

行李

сумка

包

рюкзак

双肩包

гість

客人

кімната

房间

спальний мішок

睡袋

намет

帐篷

туристична інформація

旅游信息

пляж

海滩

кредитна картка

信用卡

сніданок

早餐

обід

午餐

вечеря

晚餐

квиток

票

ліфт

电梯

поштова марка

邮票

межа

边界

митниця

海关

посольство

大使馆

віза

签证

паспорт

护照

подорож - 旅行

літак
飞机

корабель
船

пожежна машина
消防车

автобус
公交车

вантажний автомобіль
卡车

моторний човен
汽艇

велосипед
自行车

автомобіль
汽车

пором

摆渡船

човен

小船

мотоцикл

摩托车

поліцейська машина

警车

гоночний автомобіль

赛车

автомобіль на прокат

租车

спільне користування авто

拼车

евакуатор

拖车

сміттєвоз

垃圾车

двигун

发动机

паливо

汽油

автозаправна станція

加油站

дорожній знак

交通标志

рух

交通

затор

交通堵塞

стоянка

停车场

вокзал

火车站

рейки

轨道

потяг

火车

трамвай

电车

вагон

货车

гелікоптер

直升机

аеропорт

机场

вежа

塔

пасажир

乘客

контейнер

集装箱

коробка

纸板箱

візок

手推车

кошик

篮子

стартувати / приземлятися

起飞/降落

місто
城市

село

村庄

центр міста

市中心

дім

房子

кіно
电影院

реклама
广告

вуличний ліхтар
路灯

CINEMA

вулиця
街道

таксі
出租车

кіоск
小吃店

пішохід
行人

тротуар
人行道

пішохідний перехід
斑马线

сміттєве відро
垃圾箱

перехрестя
十字路口

світлофор
红绿灯

хатина
小屋

квартира
公寓

вокзал
火车站

ратуша
市政厅

музей
博物馆

школа
学校

університет

大学

банк

银行

лікарня

医院

готель

酒店

аптека

药房

офіс

办公室

книжковий магазин

书店

магазин

商店

квітковий магазин

花店

супермаркет

超市

ринок

市场

універмаг

百货商店

торговець рибою

鱼店

торговельний центр

购物中心

гавань

海港

парк

公园

сходи

楼梯

автобусна зупинка

公交车站

поштова скринька

邮筒

зоопарк

动物园

лава

长凳

метро

地铁

бар

酒吧

вулична табличка

路标

басейн

游泳馆

міст

桥

тунель

隧道

ресторан

餐馆

лічильник паркування

停车计时器

мечеть

清真寺

ферма

农场

забруднення навколишнього середовища

污染

кладовище

墓地

церква

教堂

дитячий майданчик

操场

храм

寺庙

ландшафт

地形

листок
树叶

вказівний стовп
指示牌

шлях
路

луг
草地

камінь
石头

мандрівник
徒步旅行者

дерево
树

річка
河

трава
草

квітка
花

долина

峡谷

гора

山

озеро

湖

ліс

森林

пустеля

沙漠

вулкан

火山

замок

城堡

веселка

彩虹

гриб

蘑菇

пальма

棕榈树

комар

蚊子

муха

苍蝇

мурашка

蚂蚁

бджола

蜜蜂

павук

蜘蛛

ландшафт - 地形

жук

甲虫

жаба

青蛙

вивірка

松鼠

їжак

刺猬

заєць

野兔

сова

猫头鹰

птах

鸟

лебідь

天鹅

кабан

野猪

олень

鹿

лось

麋鹿

гребля

水坝

вітряк

风力发电机

сонячний модуль

太阳能电池板

клімат

气候

офіціант
服务员

меню
菜单

стілець
椅子

суп
汤

піца
披萨饼

столові прилади
餐具

скатертина
桌布

закуска
前菜

друга страва
主菜

десерт
甜点

напої
饮料

їжа
食物

пляшка
瓶子

фаст-фуд

快餐

вулична їжа

街边小吃

чайник

茶壶

цукорниця

糖盒

порція

一份饭菜

еспресо-машина

意式咖啡机

високий стільчик

高脚椅

рахунок

账单

піднос

托盘

ніж

刀

вилка

餐叉

ложка

勺子

чайна ложка

茶匙

серветка

餐巾

склянка

玻璃杯

тарілка

碟子

тарілка для супу

汤盘

блюдце

碟子

соус

酱

солонка

盐瓶

млин для перцю

胡椒磨

оцет

醋

масло

食用油

спеції

调味料

кетчуп

番茄酱

гірчиця

芥末

майонез

蛋黄酱

супермаркет
超市

пропозиція
特价

клієнт
顾客

молочні продукти
乳制品

фрукти
水果

візок для покупок
购物车

м'ясний магазин

肉铺

пекарня

面包房

зважувати

称重

овочі

蔬菜

м'ясо

肉

заморожені продукти

冷冻食品

ковбасна нарізка

冷盘

консерви

罐头食品

пральний порошок

洗衣粉

солодощі

甜食

предмети домашнього побуту

日用品

мийний засіб

清洁用品

продавщиця

销售员

каса

收银机

касир

收银员

список покупок

购物清单

часи роботи

开放时间

гаманець

钱包

кредитна картка

信用卡

сумка

袋子

поліетиленовий пакет

塑料袋

вода
水

сік
果汁

молоко
牛奶

кола
可乐

вино
红酒

пиво
啤酒

алкоголь
酒

какао
可可

чай
茶

кава
咖啡

еспресо
意式浓缩咖啡

капучіно
卡布奇诺

банан

香蕉

яблуко

苹果

апельсин

橙子

кавун

西瓜

лимон

柠檬

морква

胡萝卜

часник

大蒜

бамбук

竹子

цибуля

洋葱

гриб

蘑菇

горішки

坚果

локшина

面条

спагеті

意大利面条

рис

米饭

салат

沙拉

картопля фрі

薯条

смажена картопля

炸土豆

піца

披萨饼

гамбургер

汉堡包

бутерброд

三明治

шніцель

炸猪排

шинка

火腿

салямі

萨拉米

ковбаса

香肠

курка

鸡肉

печеня

烤肉

риба

鱼

вівсяні пластівці

燕麦片

мюслі

穆兹利

кукурудзяні пластівці

玉米片

борошно

面粉

круасан

羊角面包

булочка

面包卷

хліб

面包

тостовий хліб

烤面包

печиво

饼干

масло

黄油

сир

凝乳

пиріг

蛋糕

яйце

蛋

яєчня

煎蛋

сир

奶酪

морозиво

冰激凌

цукор

糖

мед

蜂蜜

мармелад

果酱

нуга-крем

巧克力酱

карі

咖喱饭

сільський будинок
农舍

комора
粮仓

солом'яні тюки
稻草捆

поле
田野

кінь
马

причіп
拖车

лоша
马驹

трактор
拖拉机

віслюк
驴

ягня
羔羊

eівця
羊

коза

山羊

корова

奶牛

теля

牛犊

свиня

猪

порося

小猪

бик

公牛

гусак

鹅

качка

鸭

курча

小鸡

курка

母鸡

півень

公鸡

щур

鼠

кіт

猫

миша

老鼠

віл

牛

собака

狗

собача будка

狗屋

садовий шланг

花园浇水软管

лійка

洒水壶

коса

长柄大镰刀

плуг

犁

серп

镰刀

мотика

锄头

вила

长柄草耙

сокира

斧头

тачка

独轮手推车

корито

饲料槽

бідон молока

牛奶罐

мішок

麻布袋

паркан

栅栏

хлів

马厩

теплиця

温室

ґрунт

土壤

насіння

种子

добриво

肥料

комбайн

联合收割机

ферма – 农场

пожинати

收割

урожай

收割

корінь ямсу

山药

пшениця

小麦

соя

大豆

картопля

土豆

кукурудза

玉米

ріпак

油菜籽

плодове дерево

果树

маніок

树薯

злаки

谷物

димохід
烟囱

дах
屋顶

водостічний лоток
落水管

вікно
窗户

гараж
车库

дзвінок
门铃

двері
门

відро для сміття
垃圾桶

поштова скринька
信箱

сад
花园

вітальня

客厅

ванна кімната

浴室

кухня

厨房

спальня

卧室

дитяча кімната

儿童房

їдальня

餐厅

підлога

地板

стіна

墙壁

стеля

吊顶

підвал

地窖

сауна

桑拿

балкон

阳台

тераса

露台

басейн

游泳池

косарка

割草机

простирало

被单

ковдра

床罩

ліжко

床

мітла

扫帚

відро

水桶

перемикач

开关

шпалери
壁纸

малюнок
照片

лампа
台灯

поличка
搁架

шафа
橱柜

телевізор
电视机

камін
壁炉

квітка
花

подушка
垫子

ваза
花瓶

диван
沙发

пульт
遥控器

килим
....
地毯

завіса
....
窗帘

стіл
....
餐桌

стілець
....
椅子

крісло-гойдалка
....
摇椅

крісло
....
扶手椅

книга

书

ковдра

毯子

прикраса

装饰品

дрова

木柴

фільм

电影

стереосистема

高保真音响

ключ

钥匙

газета

报纸

картина

油画

плакат

海报

радіо

收音机

блокнот

笔记本

пилосос

吸尘器

кактус

仙人掌

свічка

蜡烛

холодильник
冰箱

мікрохвильова піч
微波炉

кухонні ваги
厨房秤

мийний засіб
洗洁精

тостер
烤面包机

піч
烤箱

морозильне відділення
冰柜

відро для сміття
垃圾桶

посудомийна машина
洗碗机

плита

炊具

горщик

锅

чавунний горщик

铸铁锅

вок / кадай

炒锅

сковорода

平底锅

чайник

水壶

пароварка

蒸锅

лист

烤盘

посуд

陶瓷锅

кухоль

马克杯

чаша

碗

палички для їжі

筷子

черпак

长柄勺

лопатка

铲子

вінчик для збивання

搅拌器

сито

滤网

сито

筛子

терка

磨碎机

ступка

研钵

барбекю

烧烤

багаття

明火

дошка

菜板

качалка

擀面杖

штопор

开瓶器

конзерва

罐子

відкривачка

开罐器

прихватки

隔热手套

раковина

水槽

щітка

刷子

губка

海绵

міксер

搅拌机

морозильна камера

冷藏箱

дитяча пляшка

奶瓶

кран

水龙头

кухня - 厨房

опалення
供暖设备

душ
淋浴

рушник
毛巾

душова завіса
浴帘

піниста ванна
泡沫浴

ванна
浴缸

склянка
玻璃杯

пральна машина
洗衣机

кран
水龙头

плитка
瓷砖

горшок
便壶

раковина
水槽

туалет
厕所

підлоговий туалет
蹲便器

біде
坐浴器

пісуар
小便池

туалетний папір
厕纸

щітка для туалету
马桶刷

зубна щітка

牙刷

зубна паста

牙膏

нитка для чищення зубів

牙线

мити

洗

ручний душ

手持式喷淋头

інтимний душ

冲洗器

таз

洗脸盆

щітка для спини

擦背刷

мило

肥皂

гель для душу

沐浴露

шампунь

洗发水

мочалка

法兰绒

водостік

排水

крем

乳霜

дезодорант

除臭剂

дзеркало

镜子

косметичне дзеркало

手镜

бритва

剃须刀

піна для гоління

剃须泡沫

лосьйон після гоління

须后水

гребінь

梳子

щітка

刷子

фен

吹风机

лак для волосся

喷发定型剂

косметика

化妆品

губна помада

唇膏

лак для нігтів

指甲油

вата

化妆棉

ножиці для нігтів

指甲剪

парфум

香水

косметичка

洗漱包

табурет

凳子

ваги

计重秤

халат

浴袍

гумові рукавички

橡胶手套

тампон

卫生棉条

гігієнічні прокладки

卫生巾

біотуалет

化学厕所

будильник
闹钟

м'яка іграшка
毛绒玩具

іграшковий автомобіль
玩具车

брязкальце
拨浪鼓

ляльковий будиночок
玩具屋

подарунок
礼物

повітряна кулька

气球

ліжко

床

дитячий візок

（洋娃娃用）婴儿车

картярська гра

扑克牌

пазл

拼图

комікс

漫画

лего цеглинки

乐高积木

блоки

积木玩具

іграшкова фігурка

玩具人

повзунки

婴儿服

фризбі

飞盘

мобіле

床铃玩具

настільна гра

棋盘游戏

кубик

骰子

модель залізнична станція

火车模型

соска

安抚奶嘴

вечірка

聚会

книжка з картинками

绘本

м'яч

球

лялька

洋娃娃

грати

玩

пісочниця

沙坑

гойдалка

秋千

іграшка

玩具

гральна консоль

游戏机

триколісний велосипед

三轮车

плюшевий мішка

泰迪熊

шафа

衣柜

ОДЯГ

衣服

шкарпетки

袜子

панчохи

长袜

колготки

紧身裤

шарф
围巾

парасоля
雨伞

футболка
T恤

ремінь
皮带

чоботи
靴子

домашнє взуття
拖鞋

кросівки
运动鞋

сандалі
凉鞋

взуття
鞋

гумові чоботи
雨靴

труси
内裤

бюстгальтер
胸罩

нижня сорочка
背心

боді

身体

штани

裤子

джинси

牛仔裤

спідниця

短裙

блузка

女式衬衫

сорочка

衬衫

пуловер

套头衫

светр

卫衣

піджак

西装夹克

куртка

夹克

пальто

外套

дощовик

雨衣

костюм

套装

сукня

连衣裙

весільна сукня

婚纱

костюм

西装

нічна сорочка

睡袍

піжама

睡衣

сарі

莎丽

головна хустка

头巾

чалма

包头巾

бурка

波卡

кафтан

卡夫坦

абая

(阿拉伯式)长袍长袍

купальник

泳衣

плавки

男式泳裤

шорти

短裤

тренувальний костюм

运动服

фартух

围裙

рукавички

手套

гудзик

纽扣

окуляри

眼镜

браслет

手链

ланцюг

项链

кільце

戒指

сережка

耳环

шапка

便帽

плічка

衣架

капелюх

帽子

краватка

领带

застібка-блискавка

拉链

шолом

头盔

підтяжки

背带

шкільна форма

校服

уніформа

制服

одяг - 衣服

нагрудник

围兜

соска

安抚奶嘴

підгузок

尿不湿

сервер
服务器

шаф для документів
文件柜

принтер
打印机

монітор
显示屏

папір
纸

миша
鼠标

письмовий стіл
办公桌

папка
文件夹

синтезатор
键盘

стілець
椅子

кошик для паперу
废纸筐

комп'ютер
电脑

кавовий кухоль

咖啡杯

калькулятор

计算器

інтернет

因特网

ноутбук

笔记本电脑

лист

信件

повідомлення

消息

мобільний телефон

手机

мережа

网络

копіювальний пристрій

复印机

програмне забезпечення

软件

телефон

电话

розетка

插座

факс

传真机

бланк

表格

документ

文件

купувати
买

платити
付钱

торгувати
交易

гроші
现金

долар
美元

євро
欧元

ієна
日元

рубль
卢布

франк
瑞士法郎

юанів женьміньбі
人民币

рупія
卢比

банкомат
提款处

обмінний пункт

外币兑换处

золото

金

срібло

银

нафта

石油

енергія

能源

ціна

价格

контракт

合同

податок

税金

акція

股票

працювати

工作

працівник

职员

роботодавець

老板

фабрика

工厂

магазин

商店

поліцейський
警官

пожежник
消防员

повар
厨师

лікар
医生

пілот
飞行员

садівник
园丁

столяр
木匠

швачка
裁缝

суддя
法官

хімік
化学家

актор
演员

водій автобуса

公交车司机

таксист

出租车司机

рибалка

渔夫

прибиральниця

清洁女工

покрівельник

屋顶工

офіціант

服务员

мисливець

猎人

художник

画家

пекар

面包师

електрик

电工

будівельник

建筑工人

інженер

工程师

забійник

屠夫

бляхар

水管工

листоноша

邮递员

солдат

士兵

архітектор

建筑师

касир

收银员

флорист

花农

перукар

理发师

кондуктор

售票员

механік

机械师

капітан

船长

дантист

牙医

вчений

科学家

рабин

拉比

імам

伊玛目

монах

和尚

пастор

牧师

професії - 职业

молоток
铁锤

щипці
钳子

викрутка
螺丝刀

гайковий ключ
扳手

кишеньковий лі
手电筒

екскаватор
挖掘机

ящик для інструментів
工具箱

драбина
梯子

пилка
锯子

цвяхи
钉子

свердло
钻机

ремонтувати

修

лопата

铲子

лайно!

靠！

совок

簸箕

відро з фарбою

油漆桶

гвинти

螺丝

музичні інструменти
乐器

ударна установка
打击乐器

динамік
扬声器

гітара
吉他

контрабас
低音提琴

труба
小号

фортепіано

钢琴

скрипка

小提琴

бас

贝斯

литаври

定音鼓

барабан

鼓

клавіатура

电子琴

саксофон

萨克斯管

флейта

长笛

мікрофон

麦克风

зоопарк тигр 老虎 вхід 入口

клітка 笼子

зебра 斑马

корм 动物饲料

панда 熊猫

тварини

动物

слон

大象

кенгуру

袋鼠

носоріг

犀牛

горила

大猩猩

ведмідь

熊

верблюд

骆驼

страус

鸵鸟

лев

狮子

мавпа

猴子

фламінго

火烈鸟

папуга

鹦鹉

білий ведмідь

北极熊

пінгвін

企鹅

акула

鲨鱼

павич

孔雀

змія

蛇

крокодил

鳄鱼

працівник зоопарку

动物园管理员

тюлень

海豹

ягуар

美洲豹

поні

矮种马

леопард

豹

гіпопотам

河马

жираф

长颈鹿

орел

老鹰

кабан

野猪

риба

鱼

черепаха

龟

морж

海象

лисиця

狐狸

газель

羚羊

американський футбол
橄榄球

їзда на велосипеді
骑自行车

теніс
网球

баскетбол
篮球

плавання
游泳

хокей
冰球

бокс
拳击

футбол

英式足球

бадмінтон

羽毛球

легка атлетика

田径

гандбол

手球

лижні перегони

滑雪

поло

马球

стрибати
跳

обіймати
拥抱

сміятися
笑

співати
唱

йти
走路

молитися
祈祷

цілувати
亲吻

мріяти
做梦

писати
书写

малювати
画

показувати
展示

тиснути
推

давати
给

брати
拿

мати

有

робити

做

бути

当

стояти

站

бігати

跑

тягнути

拉

кидати

扔

падати

摔倒

лежати

躺

очікувати

等待

носити

携带

сидіти

坐

одягати

穿衣

спати

睡觉

просипатися

醒来

дивитися

看

плакати

哭

гладити

抚摸

розчісувати

梳头

розмовляти

交谈

розуміти

明白

питати

问

слухати

听

пити

喝

їсти

吃

прибирати

清理

любити

爱

варити

做饭

їхати

开车

літати

飞

йти під вітрилом

航行

рахувати

计算

читати

读

вчитися

学习

працювати

工作

одружуватися

结婚

шити

缝

чистити зуби

刷牙

убивати

杀

курити

抽烟

посилати

寄

бабуся
祖母

дідуся
祖父

батько
父亲

мати
母亲

немовля
嬰童

донька
女儿

син
儿子

гість
客人

тітка
阿姨

дядько
叔叔

брат
兄弟

сестра
姐妹

чоло
前额

око
眼睛

обличчя
脸

підборіддя
下巴

груди
乳房

палець
手指

кисть
手

рука
手臂

плече
肩膀

нога
腿

немовля

嬰童

чоловік

男人

жінка

女人

дівчина

女孩

хлопчик

男孩

голова

头

спина

背部

живіт

肚子

пуп

肚脐

палець ноги

脚趾

п'ята

脚后跟

кістка

骨头

стегно

臀部

коліно

膝盖

лікоть

手肘

ніс

鼻子

сідниці

屁股

шкіра

皮肤

щока

脸颊

вухо

耳朵

губа

嘴唇

рот

嘴

зуб

牙齿

язик

舌头

мозок

脑

серце

心脏

м'яз

肌肉

легені

肺

печінка

肝脏

шлунок

胃

нирки

肾脏

статевий акт

性交

презерватив

避孕套

яйцеклітина

卵子

сперма

精子

вагітність

怀孕

менструація

月经

вагіна

阴道

пеніс

阴茎

брова

眉毛

волосся

头发

шия

脖子

лікарня
医院

машина швидкої допомоги
救护车

інвалідний візок
轮椅

перелом
骨折

лікар

医生

відділення швидкої
медичної допомоги

急诊室

медсестра

护士

аварійний випадок

紧急情况

непритомний

昏迷

біль

痛

травма

受伤

кровотеча

出血

інфаркт

心脏病发作

інсульт

中风

алергія

过敏

кашель

咳嗽

лихоманка

发烧

грип

流感

пронос

腹泻

головна біль

头痛

рак

癌症

діабет

糖尿病

хірург

外科医生

скальпель

手术刀

операція

手术

лікарня - 医院

КТ
CT

рентген
X光

ультразвук
超声波

маска
口罩

хвороба
疾病

зал очікування
候诊室

милиця
拐杖

пластир
石膏

пов'язка
绷带

ін'єкція
注射

стетоскоп
听诊器

ноші
担架

термометр
体温计

народження
出生

надмірна вага
超重

слуховий апарат

助听器

дезінфікуючий засіб

消毒液

інфекція

感染

віpус

病毒

ВІЛ / СНІД

艾滋病

медицина

药物

вакцинація

接种疫苗

таблетки

药片

протизаплідна пігулка

药丸

екстрений виклик

急救电话

тонометр

血压计

хворий / здоровий

生病/健康

Допоможіть!

救命！

напад

突击

атака

攻击

небезпека

危险

аварійний вихід

紧急出口

сигнал тривоги

警报

Вогонь!

着火啦！

вогнегасник

灭火器

аварія

意外

аптечка

急救箱

СОС

呼救信号

поліція

警察

Європа

欧洲

Північна Америка

北美洲

Південна Америка

南美洲

Африка

非洲

Азія

亚洲

Австралія

澳洲

Атлантика

大西洋

Тихий океан

太平洋

Індійський океан

印度洋

Антарктичний океан

南冰洋

Північний Льодовитий
океан

北冰洋

Північний полюс

北极

Південний полюс

南极

Антарктика

南极洲

Земля

地球

суша

陆地

море

海

острів

岛

нація

国家

держава

国家

циферблат

钟面

годинникова стрілка

时针

хвилинна стрілка

分针

секундна стрілка

秒针

Котра година?

现在几点？

день

天

час

时间

зараз

现在

цифровий годинник

电子表

хвилина

分

година

时

Понеділок 周一
Вівторок 周二
Середа 周三
Четвер 周四
П'ятниця 周五
Субота 周六
Неділя 周日

вчора

昨天

сьогодні

今天

завтра

明天

ранок

早晨

опівдні

中午

вечір

晚上

робочі дні

工作日

кінець робочого тижня

周末

дощ
雨

веселка
彩虹

зітер
风

сніг
雪

весна
春

осінь
秋

літо
夏

зима
冬

прогноз погоди

天气预报

термометр

温度计

сонячне світло

阳光

хмара

云

туман

雾

вологість повітря

潮湿

блискавка

闪电

грім

打雷

шторм

风暴

град

冰雹

мусон

季风

повінь

洪水

лід

冰

Січень

一月

Лютий

二月

Березень

三月

Квітень

四月

Травень

五月

Червень

六月

Липень

七月

Серпень

八月

Вересень

九月

Жовтень

十月

Листопад

十一月

Грудень

十二月

круг

圆形

квадрат

正方形

прямокутник

长方形

трикутник

三角形

куля

球体

куб

立方体

білий

白

жовтий

黄

помаранчевий

橙

рожевий

粉

червоний

红

фіолетовий

紫

синій

蓝

зелений

绿

коричневий

棕

сірий

灰

чорний

黑

багато / мало

很多/少许

лютий / мирний

生气/平静

гарний / бридкий

美/丑

початок / кінець

首/尾

великий / малий

大/小

світлий / темний

明/暗

брат / сестра

兄弟/姐妹

чистий / брудний

干净/肮脏

завершений /
незавершений
完整/缺失

день / ніч

白天/晚上

мертвий / живий

死/生

широкий / вузький

宽/窄

їстівний / неїстівний

可食用/非食用

злий / дружній

邪恶/善良

збуджений / нудьгуючий

兴奋/无聊

товстий / тонкий

胖/瘦

спочатку / востаннє

第一/最后

друг / ворог

朋友/敌人

повний / порожній

满/空

жорсткий / м'який

硬/软

важкий / легкий

重/轻

голод / спрага

饿/渴

хворий / здоровий

生病/健康

незаконний / законний

非法/合法

розумний / дурний

聪明/愚笨

вліво / вправо

左/右

поруч / далеко

近/远

новий / використаний

新/旧

нічого / щось

没有/有些

старий / молодий

老/幼

вкл / викл

开/关

відкрито / закрито

打开/合上

тихо / гучно

安静/吵闹

багатий / бідний

富/穷

правильно / неправильно

对/错

шорсткий / гладкий

粗糙/光滑

сумний / щасливий

伤心/高兴

короткий / довгий

短/长

повільно / швидко

慢/快

вологий / сухий

湿/干

гарячий / холодний

温暖/凉爽

війна / мир

战争/和平

0

нуль

零

1

один

一

2

два

二

3

три

三

4

чотири

四

5

п'ять

五

6

шість

六

7

сім

七

8

вісім

八

9

дев'ять

九

10

десять

十

11

одинадцять

十一

12

дванадцять

十二

13

тринадцять

十三

14

чотирнадцять

十四

15

п'ятнадцять

十五

16

шістнадцять

十六

17

сімнадцять

十七

18

вісімнадцять

十八

19

дев'ятнадцять

十九

20

двадцять

二十

100

сто

百

1.000

тисяча

千

1.000.000

мільйон

百万

англійська

英语

американська англійська

美式英语

китайська
високочиновницька

普通话

хінді

印地语

іспанська

西班牙语

французька

法语

арабська

阿拉伯语

російська

俄语

португальська

葡萄牙语

бенгальська

孟加拉语

німецька

德语

японська

日语

я
我

ти
你

він / вона / воно
他/她/它

ми
我们

ви
你们

вони
他们

хто?
谁？

що?
什么？

як?
怎样？

де?
哪里？

коли?
什么时候？

ім'я
名字

ззаду

后面

в

里面

перед

前面

над

上方

на

上面

під

下面

біля

旁边

між

中间

місце

地点